BENITO PASTORIZA IYODO

CARTAS A LA
SOMBRA DE TU PIEL

Premio Voces Selectas

BENITO PASTORIZA IYODO

CARTAS A LA
SOMBRA DE TU PIEL

Premio Voces Selectas

Prólogo

por

Rose Mary Salum

EDITORIAL TIERRA FIRME

El mundo de Cartas a la sombra de tu piel

Navegando por los parámetros de *Cartas a la sombra de tu piel*, una vorágine de verdes cadenciosos atrapan al lector en una selva de premoniciones. Allí el amor se corporiza, se hace real al tacto del otro, el sudor del amado, la piel del hombre y al final se actualiza trascendiendo todo cuerpo, toda materialidad. De esta manera se llega a terrenos desconocidos, inaugurados por un amor que se crea y se recrea en la esfera de una realidad nueva en donde los variables comunes no aplican, haciendo necesario instaurar un lenguaje inédito para describir este mundo. El mundo del amor.

Ya adentrado en la experiencia poética, el Caribe va subiendo como una enredadera hasta envolver al lector en un ambiente tropical de fragancias húmedas provocando imágenes de besos contenidos, caimanes a la sombra y aguas prohibidas. Se presenta un universo exuberante de vida, formas voluptuosas y miradas marinas reveladoras de una historia de amor que comienza desde el deseo mismo por un ser inexistente, por un ser que se pre-figura en el imaginario del amado. Existe una ensoñación por la persona añorada que invoca su presencia haciéndola real. La mente se hace una con la tierra, la penetra y la fecunda. Así, nace el hombre que va surgiendo de la naturaleza, brota de la tierra, de la selva verde para obsequiarse al hombre que lo espera. El recuerdo de lo que sucederá en el futuro inicia la época del cortejo en donde cada mirada, cada movimiento del ser amado, cada gesto de su cuerpo se convierte en un rito, que en otro nivel, implica una adoración. En ese sentido, ese amor busca trascender lo cotidiano y llegar a la esfera de lo sagrado. El color aquí se viste de verde como el color equidistante del azul y el rojo, como el color de la esperanza que trae vida nueva.

Viene la etapa de los poemas corpóreos donde el amor se encarna ya en los cuerpos de los amados. Aquí se presentan una serie de cartas que describen con una belleza en vaivén y un lenguaje metafórico la expresión física de ese amor. La razón se pierde, la lógica no es el medio para entender este mundo, sino la piel. Así, los idiomas se mezclan en un devaneo amoroso que desencadena las barreras del lenguaje logrando poemas bilingües de una sonoridad cautivante en ese afán de volverse uno. El deseo por la presencia del otro, por la existencia real del amado se actualiza en múltiples encuentros carnales y sexuales que estructuralmente quedan plasmados en el juego de los dos idiomas. Dos idiomas que trascienden las barreras políticas y culturales de los amados. El color por excelencia es el rojo del alma, del fuego central del hombre, del misterio vital escondido en el fondo de los mares primordiales del corazón.

En el trayecto final, se encuentra la culminación de un amor extra-ordinario, que supera lo habitual, la crítica de la sociedad y el género de los amados. Aquí se presenta la búsqueda por el verdadero amor. Ese amor que a base de vivirlo y desgastarlo con las caricias del cuerpo, ese cuerpo único y tan familiar del ser querido, logra trascender todo tipo de convenciones reinventándose en sí mismo. No hay más alimento para ese amor que el amado. La palabra apoya la idea de trascendencia superando así las barreras del lenguaje, de la gramática, de los prejuicios, de las convenciones sociales, de lo imposible. Estructuralmente se logra, no sólo añadiendo el idioma de la poesía, el italiano, sino por la creación de nuevas palabras que además de ser innovadoras logran la maleabilidad casi imposible en castellano: la unión de dos ideas en una palabra. Tal es el caso de homoeros o erodormo. El libro en su fase culminante presenta el azul como el reflejo de la trascendencia, como el más profundo e inmaterial de los colores, como lo más espiritual y sagrado que existe. *Cartas a la sombra de tu piel* es un libro sobrio de elegancia medida donde el acto del amor se hace palabra, verso, poesía del encuentro con el otro.

Rose Mary Salum
Ciudad de México, abril de 2002.

7

Para Bradley Warren Davis

Si no eres tú
Yo no tengo quien me haga feliz
Porque nadie ha de estar junto a mi
Si no eres tú
Si no eres tú
En mi vida no habrá un ideal
Ni habrá musa que me haga cantar
Si no eres tú

Si no eres tú
Nadie cabe ya en mi corazón
Porque mi vida ya te pertenece a ti
Si no eres tú
Yo no quiero que me hablen de amor
Porque nadie comprende mi amor
Si no eres tú

Bolero, Pedro Flores

I. RITOS

Pero otro Adán oscuro está soñando
neutra luna de piedra sin semilla
donde el niño de luz se irá quemando

El otro Adán, **Federico García Lorca**

He awoke in the dark

He awoke in the dark
Something was there
that made his soul stir
with excitement
He moved from his bed
hoping to catch it before
it disappeared
He found the blinds
with dust particles
still clinging
and quickly opened them
There,
in the morning's first light
there he was,
Prefigurado,
embracing him
exploring every pore of his soul

Anticipo

Al rememorar las cartas,
voy pensando
cómo fue surgiendo
todo aquello
que de nosotros nacía,
toda esa muerte en vida
de la que tanto se habla
En ellas descubro
que te he amado
que he vivido
en una sútil obsesión
de amor
que va más allá
del color,
del arte,
de este mero lienzo
que intenta atrapar
esa sombra que es tu piel

El Prefigurado

Sueles hacer tus visitas de mañana
cuando los pájaros aún cantan
cuando el café se aroma en el viento,
y hermosamente
estás recostado así
desnudo
entregado
con todas las fuerzas viriles al aire,
como imponiendo un cerco de felicidad
de una dicha
que sólo tú conoces
Prefigurado,
cuando haces visitas de mañana
y tomas tu tiempo
teorizando el amor
en cada roce
en cada palpitación
de mi cuerpo que es tu cuerpo
en invención,
porque bien sabemos
que no existes
que solitario llegas con tus huellas
a imprimir en lo profundo,
a dejar tu sabor a piel
a pájaros
que aún cantan en la noche

Dónde estabas tú
dónde
te busqué entre las orquídeas
de mamá
entre los geranios de puntas negras
en el mar de las olas muertas
en la cueva de los indios prehistóricos
dónde
dónde Prefigurado
te encontrabas
tú
en mis pesadillas de horas largas
en el enredo de mi vida
en los libros
de Picasso
en los esmaltes de Tamayo
dónde
Prefigurado
dónde
dónde
te hallabas tú
hombre preludiado hombre presentido
hombre presagiado hombre predeterminado
Prefigurado
dónde
dónde te escondías tú
te busqué entre las palmas del abuelo
en los viejos arbustos

del jardín
a la orilla de la playa
buceando por los arrecifes
perdiéndome en el desierto
navegando por el Caribe
Dónde
dónde Prefigurado
estabas tú

Inicio

Sé
cuando me miras
con tus ojos verdes de verano
que la piel se te va quemando
tejiéndose en un atavío
de bronce dorado
y bien tu piel
fuerza de músculos apretados
que asonantados
van persiguiendo
esta oscura mirada antillana
que se te cuela por los ojos
por ese verde mar
que llamas mirada
Y conocerte
en una tarde de llamas
cuando los tambores de Miami
retumban estrépitos sones en melamba
es descifrar el enigma
que te hace hombre
imaginarse el salitre del sudor
que permea tu cuerpo,
hoy día del encuentro
de las primicias
de saberse iniciado en el amor,

cómo saber que eres tú
el Prefigurado
el hombre
que ha de ser
el hombre

Angela's Cafè

aquí está por nacer el amor
éste tu primer sorbo de café
los labios acercándose a la taza
como anticipando el beso
nos miramos con un miedo de siglos
porque los hombres no han de quererse
con la intensidad y el descaro
que nos queremos
hacemos una trenza
con las palabras que nos definen
descubriendo que en cada vuelo
se ha encontrado al otro
tu sonrisa se filtra
por mis poros
y vuelvo a sentir
esa mirada de verde mar
a dónde me llevas con tus claros ojos
cuál es el cabotaje de tu piel
cómo se descifra la primera cita de recuerdos
nos palpamos las manos
debajo de la mesa
revelando el secreto
descubriendo la mentira
porque los hombres no se han de amar así
con el descaro que nos amamos

Los paseos

Las pisadas nos van llevando a estos manglares hermosos donde los caimanes se ocultan bajo las sombras de los árboles. Sigilosos descienden a las aguas oscuras, pantanosas, donde las vértebras se asoman por un breve instante. Así se van revelando los temores. Un reptil sumergido, largo, misterioso. Me dices que has nadado en estas aguas, que es cuestión de acostumbrarse a la idea, de que todo es lo mismo, animal, agua, vida y muerte. Voy admirando ese sentido extraño del valor, el entregarse a lo que es ya uno. Niño que es hombre. Hombre que es niño. La tarde se va abriendo, salitrada, perezosa de ánimo. Hemos llegado al palmeral, a estas arenas que nos unen desde mi isla a tu península. A lo lejos, el horizonte langostino nos traga con su boca naranja, ampliándose desde sus entrañas para mostrar el monstruo de garras azules pintadas. Y nos vamos imaginando en este trueque de atardeceres, como es tocarse las manos, sentirlas palpables, táctiles, llenas de una fuerza incontenible donde se deposita el deseo del amor. Porque el afecto no será público, sino en los lindes de la imaginación, donde lo silente siempre permanece vociferado de amor. Aquí las hojas se amontonan a nuestro paso. Explorándolas descubrimos un tiempo que no es nuestro, algo diluido por los minutos que van pasando, horas imprecisas, horas estancadas. Los paseos me llevaron a conocer tu vida, un laberinto de luces entre serpientes, lagartos y naranjales. Un laberinto cercado por el aire, sutil viento que define la fragilidad de la existencia.

Mito del niño península

Hoy te perfuma el naranjo
en los azahares de tu memoria
A ti se adhiere el aroma
que entre cítricos cuelgas
de piernas de brazos,
del alma entera
Allí tu vida se desprende
entre correteos, hazañas, aventuras
un quijote niño
que de su península vive
Así te define la vida
Así te sumerges en el charco de los lagartos
nadando entre recuerdos y andanzas
mirando desde tu ventana
el espinal del reptil
que lento, apacible, allegado
se adentra en las aguas donde nadas
Allí el lago te ronda
en sus estelas
de fragancia húmeda y verde,

con él vive el mito
del niño enamorado,
con él descubres
el momento imperceptible
de la aurora nueva
niño que te hallas niño,
sabes que la fuerza
radica en tu fantasía
de crear páramos y valles
del pantano huerto
que vivir te ha tocado,
de las ramas surge un castillo
donde has fundado tu imperio,
lagartos, serpientes,
sombras de la noche
te rinden tributo,
rey niño del universo

El ritual de tus días

Las hojas van amaneciendo en tu piel
como sombra verdusca que te arropa el alma,
destartalada y arrojada en su abrazo
perfora cada poro de tu epidermis en sueño.

El hombre donde he sembrado los helechos
las enredaderas y las palmas
sigue alargado, entretejido y colgante
en esta la guarida de mis sábanas.

Cada esfera de verde sol gira por tu cuerpo
en busca de un infinito ya marcado,
saciado de luz, de transparencia afilada.

Cómo penetrar la nube que te envuelve
y arrancar el musgo que te adhiere,
para así vivir solazado en ti.

Todo lo triste
se empoza en estos labios
que deshojan tu nombre
de pájaro que no fuiste
sino de agua
atrapado en jaula de cristal
ser ladrón
de tu destino
un futuro sin heridas
donde la esperanza
promete
un camino
que no es camino
sino sendas de aire
acuo amargo agriado

pensar
que vas leyendo
este poema
de un minuto fugaz
donde todos los segundos
son perplejos
insignificantes
a la retórica del tiempo
donde lo efímero
habita la casa del poder
ayunando pensamientos crees
seducir
la mañana universal
que hurtándote va
el placer de olvidar
lo puesto
de este sol
inviolable y tú
dado
a la carrera
del no existir
Hoy
día de
tu
muerte
amor

Gavilán de Palomas

Gavilán de Palomas
Prefigurado adorado
tómame
en tu vuelo
libérame
del odio marino
de este cataclismo
insondable de palabras
insurgentes
como las olas
de un invierno coloro
palabras marinas
que nacieron para
morir
en rincones
mundanos
porque así lo ha querido el verbo
que hiere

Las soledades íntimas
son monótonos murmullos
marinos
que la piel golpea,
y tú,
Prefigurado,
ante el minuto elegiaco
fugaz
trastocando
la perezosa sombra
acurrucada en nidos
de credos
fatuos

Pentagrama de tu piel

Se cuelga la nota azul en el silencio temprano
de tus dedos desprendidos en paz desorbitada
y bien tu piel de ecuestre musical asonantado
cabalgando filas de un pentagrama enamorado

Me place tener que sentir la música apagada
el Stravinski que surge de un grito hondo
el Debussy que se te cuela por las manos
arrastrando negras pasiones de mares azulados

Aquí el ritual de la lejanía que te envuelve
Maldito amor Ten piedad de los Felices días
que han surgido goteando del pasado diecinueve

Cómo te descifras hombre a hombre a cada paso
de tu recuerdo, en la memoria de una sinfonía,
en la siempre atrapada furia de tu piano agazapado

hoy como todos los días
eres tú mi tiempo en el aire
el rocío de tu presencia
en cada mañana
cuánto amor en destiempo
compañero de ayer
qué nocturno ha presenciado
tu llegada
qué callada esperanza de ternura
ha tocado el alba
hoy como todos los días
eres la definición
de un cosmo
en espera

En la envoltura de tu mirada

Como te descifras
en la envoltura de tu mirada,
eclipse de un verde transparentado
que se enarca en el estrépito
del viento,
sagaz
vivo
y acrobático,
se transmuta de un espectro
al otro
Aquí aceituna
allá palmera
más allá helecho
más acá enredadera
Ojo,
avizor de toda luz
se ha tragado un rayo
para recrear la transferencia
ahora azul,
ahora amarillo,
verde transfigurado
en la envoltura
de tu mirada

II. CORPOREOS

Basta para que el cuerpo se abra en dos,
Avido de recibir en sí mismo
Otro cuerpo que sueñe;
Mitad y mitad, sueño y sueño, carne y carne,
Iguales en figura, iguales en amor, iguales en deseo.

Los placeres prohibidos, Luis Cernuda

Why do you play with eternity

Estás perdido entre las sábanas
and
Why do you play with eternity
Why do you play with love
Are you lost from the heavens
Prefigurado
Are you lost from love
Estás perdido entre las sábanas
Prefigurado
Do the constellations
embrace your heart
Is your life beyond
the minuscule stars
Are you Prefigurado
lost from love
Where is the compass
of your heart
Are you crying among the oceans
the rivers
echoing your voice
in each mountain
Prefigurado
Are you lost
from love

las iras del viento
maldicen
las paranoias
que danzan en tu pelo
viento que muerde
en su costado
y fornica en el lecho
de una noche cristalizada
teñida de azul naranja
en un horizonte
de penas
viento que nace
de un susurro
donde la muerte
fue hija
de las iras

Eres el rey de los días
y yo en trance
cuento las horas, los minutos
de un suspiro que se siente
a la entrada de la puerta
un arrullo anticipado
de tus brazos,
y unos labios que van
más allá de la palabra
más allá del constante decir,
es el hilo en el tiempo
que se define
en tu boca,
en tu boca de hombre
de menester humano,
eres el brevario
del verbo
el prostíbulo de la palabra
donde toda razón
toda lógica
se pierde en el suspiro
de tu entrada,
de tus pies anticipados

Tengo una obsesión con tu sombra
shadows
deep shadows
winter shadows
the beauty of the grayness
of your skin
flesh reflecting the taboos
of the sun
sombras slowly embracing
your soul
an obsession with your
shadow
deep winter shadows
coloring the flesh
of an intimate light

Las cicatrices dulces
de tu cuerpo
como lunas crateadas
muestran
una agonía sofisticada
Eres geográfico
piel de cartografía antártica
espuma cuarteada por el silencio
negro barro electrizante
sostienes
una mano de ríos
que acarician
lo cicatrizado
envolviéndose en sí misma
para descubrir
la gran herida
de soles naranjas

Yo en tu prostíbulo

I

Tus movimientos
delfinizados
abren la puerta
liberada del tiempo
el rostro entumecido
atrapado de mil
mares
calla la agonía
de vivir
tiempo
por cuánto

II

Quedarte la noche
tomarte el tiempo necesario
sentirte perdido,
despreocuparte la circunstancia
entregarte,
develarte ante mí
Necesitarte
es parte del hecho
amor

III

Hay que despuntar
el silencio
para conocer
el amor
entregado a sí mismo
desnudo
hipócrita
simplemente
él mismo

He transfigurado
lo verde,
para descubrir
tu ausencia
desnuda
dada minuto a minuto
a este concierto
de noches medievales
y amar
tu soledad
es volver
a descubrir
lo verde transfigurado
de noches
medievales

Los ojos muerden
la trasluz
de una esperanza
y tu sentir violeta
es toda una
pena
ahogado en lo oscuro
de tu ser
amor
de muerte
clamando cristales cerrados

Los hombres
mueren
en los días
de papel
ajeno
y tú
pecas color topacio
en iras de viento macho
calando turcos océanos
mordiendo
sombras
de un placer extraño

Donde el laberinto
la muerte sofoca
negras paredes tiñen
tu piel de estelas en abras
y
el distante mar de piedras
traga lo nocturno
de tu cuerpo suspendido
en algas
Eres quimera
que desgarra la noche
su manto perverso
trueque de luz,
nubes terrestres
en espera

Somos el devaneo
de la constancia corporal
y
entras en cavidades nocturnas
como quien busca la noche
Noche de estrellas
y luchas
sin alba
Es la tempestad
del neoviento
que se muere
porque así lo ha querido
el día
de nuestras muertes

El día que llegó el mar, sus ojos se abrieron para tragar toda esa inmensidad que ya había presentido en sus sueños. La lluvia agujeaba la marea perforándola con una transparencia metálica de milenios estancados. Cada gota se multiplicaba en la profundidad buscando el viaje final de los tropeles mitigados. Logró comprender que no era lo mismo. La sal y el viento picoteaban su cuerpo con furia, invitándolo al suave descenso. Siempre pensó que las horas del amor serían pasajeras, pero la eternidad habría de ser esto. Un mar abierto, sosegado de pasión. Los cuerpos se habían fundido en una extraña intención. Se desmentían en cada encuentro. Buscaban el sentir que les cabalgaba por las arterias de aquel amor. Difuminaba el pensar en las olas agigantadas que arrastraban su cuerpo mar adentro. El oleaje aumentaba en fuerza, castigándole el balance de las piernas. El amor habría de llegar hasta esa orilla. Sin rastros. Sin descepciones. Un mundo de aguas y cuerpos. Una serenidad de mar conspirada contra el pesar.

El peligro de la noche violada

Todos los cantos han conocido tu voz,
palabra del pecho generado
en vidas tatuadas de placer
Eres el peligro de la noche violada,
la tortura de la esquina escondida
el sentimiento de las lápidas contempladas
con tanta furia enredada de subsuelos sexuales
con tantos ecos rojos perforados
en mañanas de silencio y éxtasis
en noches de sudores y llantos
en tardes de cuevas encendidas
por esta amenazada furia de amor
por este homicidio de la fuerza entregada
por lo causante que queda repetido
desde esta parte de lo deshecho
desde el contorno de lo amamantado
desde este rendimiento que no espera
a esta voz que se ahoga en el pecho
a este tacto del dolor que conoce
los plomos encadenados
las trenzas de los cuerpos arropados
para no sentir el regreso

para quedarse en la espera
del minuto en torbellinos
porque ha sido la muerte
de la piel,
la vida
del homicidio en el amor

Aquí seré tu esclavo
con todas las heridas angustias y libertas
con todos los zumos airados de esperanza
Desmadejado me entregaré a los secretos
de estrellas neomusicalizadas con pórticos
sosteniendo los deseos de tu epicentro nocturo

Qué de las puertas en hurtadillas,
de los amores entrampados,
de la cita imperfecta,
del suicidio tiritando en
las ventanas del placer

Hallazgo

Alocado en el enjambre de tu piel
de tus huesos prensados en arcilla
busco el átomo que nos define
en el transcurso de la pesadilla en sueño
que se atorbellina
a un trasmundo
de fuego en aire
donde la cordura
se requiebra
y el subsuelo
se agrieta
Allí
poderoso y fragante
resurges en tu espalda de hombre
en la prisión de tus costillas
en la armadura de tus huesos
En un desplante de fuerzas y raíces
en un desencadenar de sueños
reinventando el rescate

surgiendo como isla
a la cual siempre
fui adherido

Próximo a tu piel

salgo de tu piel como quien seduce la ardiente azul
marea cuando todos los dioses están dormidos y muy
lejos se despiertan los hombres solos preguntándose -
qué hicimos hicieron con el mundo - gimen la muerte
de la flor el pétalo la rosa el jardín la paloma el pájaro el
nido el perro la fiera el animal la piedra el río la ola el
mar la fruta la fresa y la tierra está triste borracha de
dolor ante este difícil desnudo dulce y duro infierno
que es el sueño demonio que hemos cocinado y
despertar contigo lamiendo tu pierna tu pelo tu ropa tu
lengua tu labio tu cuerpo tus pies tus dedos tu cabeza
es vencer el fuego la oscuridad y la pena por un
momento en las tinieblas

quiero despertar en tu mundo desnudo
como los pájaros en sus nidos de estrellas,
estar entre tus piernas vencidas
sentir
la suave dulce entrada
seduciendo
el duro ardiente enorme rayo
siempre ahora todavía
dentro debajo detrás
arriba a través
aquí   allá
pero después
sólo pido más
del recuerdo de lunas
lengua labio leche,
una pequeñez carne
se duerme próximo a tu cuerpo,
caliente cama
calor calma
es el juego de los dioses
el cielo de los hombres

Como duermes en tu mundo sensible de pétalos azules
ardiente hombre animal de mareas negras
que desnudo en la cama pregunta:
¿Soy yo él que vive en la pasión de tu dios?
¿Seduzco aún la sombra de tu piel
cuando sacudo ríos y fieras
de tu cuerpo jade que se hierve
en caminos lejos del frío infierno
y cerca del cielo?
El sueño suave lame tu hermoso cabello,
oscuridad sol
pintura de una cabeza en niebla
débil por el viaje siempre delicioso
que va desde el fuego dulce
hasta el enorme grito regalo
lanzado por tu encendido querer

El líquido sobrio de las noches
besó las llagas carbonizadas de tu frente
y aquí me tienes
deambulando en los espejos de tu cuerpo
acentuando todo lo felino
de este crucifijo que formamos
para levantar el pecho
para sentir
que se ha amado
la estrella de los vientos

el impulso sexual vestido de fiera
echa sobre mí todo el cuerpo en fuego
allá cerca de la pasión estrujada
cuando la marea despierta
al ardiente animal macho
de su sueño sol embriagado
para sacudir
encender la noche
con juegos pierna labio brazo,
hombre rey seducido
en la oscuridad
del nido de mi pez

Cerca estamos de la oscuridad sensible
cuando tu fuego sueño de brazos
se desnuda en pájaros sexuales,
dentro de tu pequeñez carne fiera
nace un río de niebla en leche
caliente blanco cálido
ardiente suave amargo
próximo al gemido
a la seducción del alba,
hombre de pecho macho
enorme jade en olas,
te despiertas
en la mañana
para seducir
con tus actos,
tus actos de animal en celo

La cama encendida
juega con el cuerpo
carne sangre
lengua labio
piel ojo
y un macho hombre encima
que te desgarra
en una noche estrujada,
y sentir siempre
la deliciosa pierna ardiente
despertar
el animal paloma fiera desnudando el
demonio grito dolor
que te recuerda
que aún eres
el pájaro en flor
suave
débil
pequeño
rasgando el cielo
para cantar
el dulce odio
del amor

El Enjambre

Este afán de volverse uno de enredarse en las sábanas
de buscar la entrada al placer de conseguir el dominio
del éxtasis en un sola palabra de multiplicarse en las
sílabas del sudor acentuando la dejadez del cuerpo que
se nos muere en cada salida sin el tiempo de llegar al
perdón porque el perdonar no existe en este acto de
amor que no es amor siendo el más allá del placer que
se tritura en cada pedazo de piel en cada boca que se
nutre de su propio sabor aumentando el calor de cada
suspiro de cada quejido de cada gemido de gozo en la
embriaguez de eso que nombran líbido liviandad para
sentirse entregado a toda agonía a cada mal paso
tomado porque tomarse el aire del otro es vivirse-vivir
en esto que nominan la fuerza del cuerpo que quiere
sentir lo que se sabe que se desconoce en la sangre que
se acumula en el vaso que se extiende fortaleciendo cada
vena cada vía de todo ese tránsito forzado sin escape a
lo lejano que queda tan cerca tan apretado tan amarrado
a sí mismo que pide liberación invitando al beso extraño
al beso que pulula entre la suavidad del tacto y la
ruptura abrupta de esa pequeñez deseada y negada
porque no se niega se pospone todo lo que se desea de
esa locura cuerda que electrifica los sentidos confunde
el intelecto y arrastra hasta el no más amor porque es
que deseo más allá de lo que conozco porque en cada

pedido se descubre que nunca se ha comenzado este círculo de los brazos entregados y extendidos a esa tu fuerza de querer llegar de querer depositar todo el desenfreno que ya no puedes acumular porque te has liberado has visto que este afán de volverse uno es multiplicarse

III. HOMOEROS

To reject one's own experiences is to arrest one's own development. To deny one's own experiences is to put a lie into the lips of one's own life.

De Profundis, **Oscar Wilde**

Erodormos

Cada noche compartimos la cama de la cotidianidad con sombras arropando nuestras penas y duendes visitando nuestros sueños en esos mares males de palabras que se quedan estancados en los resquicios de la mente donde tú el salvaguardia de los aires proteges el descenso la llegada a los infiernos o de igual manera los cielos que acaso sea la pesadilla del amor o la bien definida ley del amor donde te busco y muerdo o más bien acaricio tu piel y bien tu piel que se deja atrapar por la noche por la fiebre que me consume en cada poro en cada río que te busca tú el salvaguardia de la tierra el telúrico de las sábanas nadando en el laberinto de sílabas estropeadas porque a tu espalda me adhiero en ella encuentro el sosiego que he perdido en la noche traidora de mis trampas que una a una voy colocando como para asegurarme la muerte de los sueños la pirámide que se abre para recibirme en sus adentros pero tú el salvaguardia de los fuegos me atrapas en el vuelo y en un enredo de aguas tierra y llamas descubro la sensación de los adentros la escapatoria definitiva que te brinda la llamada ley del deseo donde me tuerzo en tus piernas me encadeno a tus brazos como el que busca hundirse en una caverna de placeres allá donde se funde el milagro de lo carnal de esa esperanza alocada que nuestros pensamientos no comprenden sino en su capacidad más emotiva de piel que se desgarra con cada encuentro con cada roce de epidermis agrietada por el vaivén de los cuerpos eclipsados por el mecimiento de sus almas en una cotidianidad que se define en la cama de sus noches

y bien tu piel
lo deleitoso que se exhibe
en el roce desaforado
de nuestra anatomía
y así me dirás
tranquilo amor
es que voy conociendo
la Antártida de tus ojos
el paisaje
hacia tu piel
y yo
como habré de navegar
por estas sutiles melazas
como establecer el paralelo
que nos une
y bien tu piel
encandecente
y dirigida
armada de recuerdos
tan dispuesta
al devenir

Tríptico

I

eres sombra perdida en su sombra
en un vaho de líquido
de estrellas matutinas
eres tinta de amaneceres olímpicos
donde lo anónimo se descifra
y el atropello
a la sombra se acomete
eres flor muerta sobre mi mesa
tragada por las aguas puras
que omiten la tragedia
sin par de la palabra

II

la alegría de tu ser
se empoza en estos labios
que deshojan tu nombre
pájaro de alas anchas
en asecho
que hurta el futuro
de un camino que no es camino
ladrón del aire
que se filtra en el destino

III

ecoamor
mi soledad
son tus dedos tristes
que desconocen la caricia
a fuerza de distancias cósmicas
ecoamor
mi soledad
son tus sábanas
de cabellos nocturnos
que besan la tempestad
de los mares abiertos
ecoamor
mi soledad
es tu mirada descifradora
de precipicios verdes
donde la luz
se pierde en el fondo
de un caño cristalizado

Eres hombre de mi vida
de mi vida hombre
Contigo en tus brazos despierto
arropado por la acaricia
que cada dedo sostiene,
el puño se aferra a tu pecho
como para desgarrar
el corazón con que tanto
se te quiere
León de mi asecho
guarida de tu mirada,
aquí en la soledad
de esta cama
te quiero como sol entero
como crepúsculo que se canaliza
en sí mismo,
como todo aquello
que se deslinda

Tabú

Me despierto en tu nombre
conociendo cada sílaba de tu piel
tabú
maldición
Me dicen que no he de nombrarte
que el deseo se ha
de quedar
oculto
como una gran mentira,
no seas el problema
de tu clase
me gritan
me maldicen,
pero tu nombre de hombre
se trepa por mi garganta
desbocando su rabia de águila
y así quedas
liberado y amado
por siempre en mi boca

Atrincherados

Aquí en esta trinchera
enterrados en el más profundo
hoyo social,
hemos defendido nuestro amor,
aquí acediados por el odio
por la rabia, por la homofobia,
por los insultos, el sarcasmo,
los gritos de "maricones!"
las llantas explotadas,
aquí no se les alquila a los homosexuales,
es buena gente, pero es loca,
son chévere y se quieren
pero son jotos,
aquí hemos defendido nuestro amor
en esta trinchera de 18 años,
18 años amándonos puramente
porque nos amamos,
no porque lo apruebe la sociedad,
la iglesia, la escuela, la familia,
el orden social.
Atrincherados porque el amor es
más importante
que todo ese odio,
que toda esa rabia,
Atrincherados porque hemos visto

hermanos asesinados
porque Lorca fue asesinado
porque Wilde fue asesinado,
y tal vez nosotros seamos
asesinados
porque este libro de amor
que te escribo
tal vez sea la sentencia
a muerte de nuestros cuerpos,
pero seguimos atrincherados
atrincherados
atrincherados hasta la muerte
porque este acto de amor
es más grande
que nuestra suerte

Un I love you sentido

I love you
because I love you
not because you are a man
not because of your sex
or all the stupid things
society might believe
of a man loving a man
I love you
because I love you
you could have been a woman
a tree, a dog, a chair
I love you
because I love you
because I find wonder
in your shadow
because your eyes remind me
of the ocean
your touch is a miracle
of the heavens
your embrace is as eternal
as love itself
your voice is the
meaning of life

I love you
because I had no other choice
but to love you

Eres el aliento de mi ser and yes it's the blues hard and suffering blues lost in all this crime of love wanting your skin in the depths of the sea blue like your eyes of wonder torturing the black ovals drowned in impossibility because it is never your aliento pretending a lie of love submerged in a paradise with Milton holding your white hand extended by the visions of Grace because the madness is ahead the storms are ahead and the ser you love is everlasting in the joys that pleasure gives close to your arms cerca de tus brazos Dante will not take us to his inferno perché non me piace e non è certo and I will see your love again beyond the fires de los amantes eternos those eternal fires only for those who have loved with los alientos of their ser

INDICE

Esta obra *Cartas a la sombra de tu piel*
se terminó de imprimir el día 10 de agosto
de 2002 en los talleres de
EDITORIAL TIERRA FIRME
de Privada de la Providencia 38,
San Jerónimo Lídice,
10200 México, D.F.
Se tiraron 1,000 ejemplares
más sobrantes de
reposición.